FACULTÉ DES LETTRES D'AIX

HISTOIRE

DE

LA PROVENCE

DANS L'ANTIQUITÉ

JUSQU'A LA CRÉATION DE LA PROVINCE ROMAINE

LEÇON D'OUVERTURE

PAR

M. MICHEL CLERC

CHARGÉ DE COURS D'HISTOIRE ANCIENNE ET D'ARCHÉOLOGIE

AIX & MARSEILLE

Samedi 9 et Lundi 11 Décembre 1893.

MARSEILLE

TYPOGRAPHIE ET LITHOGRAPHIE BARLATIER ET BARTHELET

19, Rue Venture, 19

1893

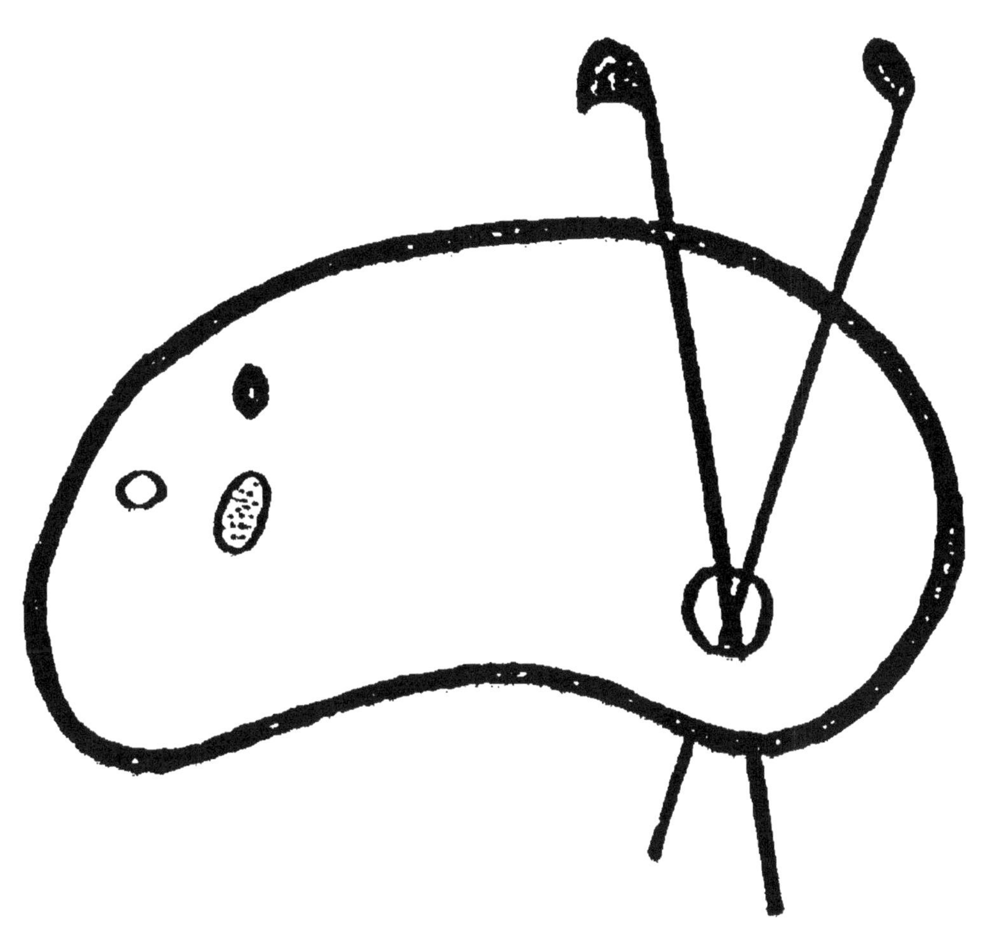

FIN D'UNE SERIE DE DOCUMENTS
EN COULEUR

FACULTÉ DES LETTRES D'AIX

HISTOIRE
DE
LA PROVENCE
DANS L'ANTIQUITÉ

JUSQU'A LA CRÉATION DE LA PROVINCE ROMAINE

LEÇON D'OUVERTURE

PAR

M. MICHEL CLERC
CHARGÉ DE COURS D'HISTOIRE ANCIENNE ET D'ARCHÉOLOGIE

AIX & MARSEILLE
Samedi 9 et Lundi 11 Décembre 1893.

MARSEILLE
TYPOGRAPHIE ET LITHOGRAPHIE BARLATIER ET BARTHELET
19, Rue Venture, 19
1893

A

MONSIEUR G. GUIBAL

DOYEN DE LA FACULTÉ DES LETTRES D'AIX

Hommage affectueux.

LES

SOURCES DE L'HISTOIRE ANCIENNE DE LA PROVENCE

MESDAMES,

MESSIEURS,

Permettez-moi tout d'abord de vous expliquer en quelques mots l'absence de votre professeur habituel : cette absence n'est que momentanée. M. le doyen Guibal, absorbé d'une part par la préparation d'un important ouvrage, désireux aussi, avec sa bienveillance habituelle, de fournir à un collègue plus jeune l'occasion de s'exercer à la parole publique, a bien voulu me confier pour cette année le soin de le suppléer : je suis heureux de lui en exprimer publiquement toute ma reconnaissance.

Ce n'est pas sans quelque hésitation toutefois, je vous l'avouerai, que je me suis décidé à vous entretenir pendant tout un semestre du sujet qui figure sur l'affiche. Si l'histoire, comme se plaisait à le dire notre maître à tous Fustel de Coulanges, est la plus difficile des sciences, elle est aussi une des plus austères : et combien cela est plus vrai encore de ce que l'on est convenu d'appeler l'histoire ancienne ! Jusqu'à présent l'histoire de l'antiquité grecque et romaine, de ses institutions, de ses arts mêmes, demeure le domaine d'un petit nombre de curieux, bien que la connaissance de cette antiquité dite classique forme, ou soit censée former le fondement de toute notre éducation.

C'est pourtant sur ce terrain que je vais essayer de vous entraîner cette année : j'espère vous montrer que ces anciens sont moins éloignés de nous que ne le feraient croire les vingt ou trente siècles qui nous séparent d'eux ; que chez ces Gaulois ou ces Grecs, il n'est pas très difficile de retrouver beaucoup de nos goûts, de nos sentiments et de nos passions d'aujourd'hui. Et puis, tous ces hommes qui ont vécu il y a si longtemps sont ceux qui ont contribué à former notre pays et notre race tels qu'ils sont actuellement : si Rome a laissé presque en tout en Provence, et surtout dans la langue, son empreinte ineffaçable, la présence de la race grecque se révèle encore aujourd'hui, pour l'observateur le moins attentif, par le type justement célèbre des filles d'Arles. Quant aux Gaulois, aux Ligures et aux populations à jamais obscures qui les ont précédés sur notre sol, il n'est plus téméraire aujourd'hui d'affirmer que c'est surtout leur sang qui coule dans nos veines, et que nos traditions locales populaires vont plonger leurs racines jusque dans les couches les plus profondes de ces peuples disparus.

C'est précisément de ces premiers habitants de notre sol que j'ai l'intention de vous entretenir, et c'est l'histoire de la période la moins connue de ce pays que je tâcherai de faire revivre sous vos yeux. Ce ne sera donc pas les siècles heureux de l'Empire que je vous décrirai, alors que les cités de la Province, Narbonne, Nîmes, Arles, rivalisaient de splendeur et de luxe avec Rome elle-même: de cette période brillante nous ne verrons que les débuts à peine. Ce que je voudrais vous montrer, c'est l'état du pays aux temps les plus éloignés auxquels nous puissions remonter, les différentes couches de population qui se sont succédé sur ce sol, et les influences multiples qu'elles ont exercées les unes sur les autres. C'est donc surtout de ces peuples que les Romains appelaient indistinctement des Barbares qu'il s'agira, et parmi eux les derniers venus et par conséquent les mieux connus, les Gaulois, tiendront naturellement la place principale.

Pourtant, dans cette région encore barbare, pour parler comme les Romains (car nous verrons que ce terme n'exclut nullement un certain degré de culture), a brillé de très bonne heure un foyer intense de civilisation hellénique : c'est Marseille, qui a peuplé le littoral de colonies prospères, et qui a fait pénétrer jusque dans l'intérieur du pays son influence civilisatrice. Aussi insisterai-je sur l'histoire de cette cité célèbre, autant du moins que le permettent les documents trop rares qui nous attestent sa longue prospérité.

Aujourd'hui, c'est de ces documents divers qui nous permettent de reconstituer l'histoire de ces temps anciens que je vais vous entretenir. Il est bon, avant d'entreprendre l'étude de cette période, de nous rendre compte des ressources qu'elle offre à l'historien.

Pour les temps primitifs, ceux que l'on est convenu d'appeler préhistoriques, les traces laissées par les diverses races d'hommes qui ont alors occupé le sol ne sont pas seulement rares : elles sont, surtout, d'une interprétation extrêmement difficile. Il faut avoir recours aux connaissances spéciales de la *géologie* et de l'*anthropologie*, et malheureusement ces sciences sont bien loin encore d'avoir établi des résultats définitifs. Nous verrons combien sont incertaines encore toutes les théories émises sur ce sujet, et quelle prudence il faut apporter dans l'étude des vestiges de ces tribus primitives. Néanmoins, certains résultats sont déjà acquis à la science d'une manière définitive : personne aujourd'hui, par exemple, ne songe plus à attribuer aux Gaulois les monuments dits mégalithiques, dolmens et menhirs, qui se dressaient sur notre sol, comme dans la France entière, des centaines et peut-être des milliers d'années avant l'apparition des Gaulois A vrai dire, c'est là un résultat surtout négatif, et nous ne savons pas encore exactement à quelle race appartenaient les tribus qui ont élevé ces monuments mystérieux. Mais c'est déjà beaucoup d'avoir débarrassé la science d'un préjugé aussi fortement enraciné que celui-là. D'ailleurs la science du préhistorique est de date récente ; elle a fourni beaucoup de chercheurs zélés, mais peu de véritables savants doués d'esprit critique. Et ceux-ci n'hésitent nullement à déclarer que leur science en est encore à la période d'incubation, et qu'ils veulent avant tout amasser des matériaux pour servir à une construction future. Aussi passerai-je rapidement sur toute cette période, qui pourtant a duré peut-être en Provence des milliers d'années : je me bornerai à vous faire, surtout d'après un ouvrage récent, le relevé des points principaux où les explorateurs ont constaté les traces des populations primitives, et à vous indiquer les diverses théories émises sur l'origine et la nature de ces populations.

Avec les peuples dont l'histoire a conservé le nom, Ibères, Ligures, Gaulois, les documents historiques deviennent plus nombreux et plus précis, pas autant que nous le voudrions toutefois. Ni les Ibères, ni les Ligures n'ont fait usage de l'écriture ; quant aux Gaulois, les rares inscriptions qui nous sont parvenues écrites en leur langue sont de basse époque et d'ailleurs peu importantes. C'est à la *linguistique* qu'il faut avoir recours pour déterminer avec quelque probabilité, au moyen des noms de lieux, l'aire géographique habitée par ces peuples ; à l'*archéologie*, pour reconstituer au moins en gros leur manière de vivre. Seulement ici, quoique les monuments archéologiques ne portent pas encore d'inscriptions, ils sont plus explicites que ceux de la période précédente, et nous pouvons nous faire une idée assez satisfaisante d'une forteresse ligure, par exemple. Ajoutez que les écrivains grecs et latins ont connu l'existence de ces peuples, et que leurs relations, si incomplètes et si infidèles qu'elles soient, n'en sont pas moins pour nous très précieuses : ce qu'elles nous font connaître surtout en effet, c'est ce qui change le moins chez les peuples à travers les révolutions politiques : à savoir, les mœurs.

Avec les Grecs et les Romains enfin, les documents écrits prennent la première place : ce sont d'abord les descriptions des géographes, les récits des historiens et les passages de toute nature épars dans les écrivains de tout genre. Tous ces textes sont aujourd'hui réunis dans deux collections des plus commodes. Le premier volume du *Recueil des Historiens des Gaules et de la France,* dû aux Bénédictins, comprend les textes grecs et les textes latins relatifs à la Gaule. Les textes grecs seuls ont été publiés à nouveau, plus complets et avec une traduction, par M. Cougny, en six volumes. Il n'est pas besoin d'ailleurs d'insister sur l'importance de ces documents écrits : ce sont les renseignements fournis par les écrivains anciens qui forment nécessairement la trame même de l'histoire ancienne de la Gaule, et qui permettent de la rattacher à l'histoire générale.

En second lieu viennent les *inscriptions.* C'est surtout grâce à l'*épigraphie,* science toute récente, elle aussi, mais déjà absolument sûre de ses méthodes et de ses résultats, que nous pourrons reconstituer le tableau de la Marseille grecque et de la Province romaine. Les écrivains latins, assez dédaigneux de tout ce qui n'était pas Rome, négligent volontiers l'histoire des provinces pour les racontars de la capitale : mais les inscriptions provinciales gravées sur la pierre ou le marbre nous sont restées pour témoigner à jamais des faits dont elles sont contemporaines.

Il ne sera peut-être pas hors de propos d'insister un peu là-dessus : il y a bien peu d'années encore que l'enseignement de l'épigraphie grecque et latine a été institué officiellement en France, et l'importance des résultats de cette science n'est peut-être pas encore appréciée à sa juste valeur, en dehors du petit monde des érudits de profession.

Nous avons quelque peine aujourd'hui à comprendre le rôle des inscriptions chez les anciens. C'est que l'imprimerie chez nous a remplacé l'épigraphie. Tandis que nous nous bornons à graver quelques dédicaces au front des monuments publics et des épitaphes dans nos cimetières, les anciens gravaient et exposaient sur des plaques de bronze ou de marbre toutes les lois et tous les décrets émanant de l'autorité publique. C'est ainsi que nous avons retrouvé, il y a quelques années, à Gortyne en Crète, le code civil et pénal de la cité de Gortyne au VIe siècle avant notre ère, qui forme une inscription de plus de cinq cents lignes. A Délos, les comptes des prêtres du temple d'Apollon, la plus riche banque de toute la Grèce, étaient également gravés sur le marbre, et des fragments considérables nous en sont parvenus. Pour rester chez nous, le musée de Lyon renferme une table de bronze qui contient le compte-rendu sténographique d'un discours prononcé dans le Sénat romain par l'empereur Claude, compte-rendu dont l'impitoyable sincérité fait le plus piquant contraste avec la harangue correcte et éloquente par laquelle Tacite a cru devoir remplacer le discours vraiment extravagant de l'empereur. Une autre table de bronze, découverte à Narbonne, celle-là, et tout récemment, en 1888, nous fait connaître en partie le règlement de l'assemblée provinciale de la Gaule Narbonnaise. A Orange, des plaques de marbre malheureusement mutilées contiennent des fragments d'un document des plus curieux, le cadastre officiel de la ville. Ces quelques exemples, pris au hasard, suffiront pour vous montrer toute l'importance des documents épigraphiques : pour la Gaule, elle peut, en deux mots, se résumer ainsi : c'est grâce aux inscriptions, et uniquement à elles, que nous connaissons les croyances religieuses des Gaulois sous la domination romaine, les noms de leurs dieux, l'organisation de leurs cités et de la province, leurs mœurs privées, et notamment leurs usages funéraires.

Mais ce n'est pas tout, et les inscriptions n'ont pas seulement de valeur et d'intérêt par les faits qu'elles nous font connaître. Les inscriptions les plus insignifiantes comme contenu ont quelquefois, par elles-mêmes, une valeur inappréciable pour l'historien. D'abord, elles sont des témoins d'une impartialité irrécusable, ce que l'on ne peut dire de tous les historiens. Et puis, la seule présence d'une inscription sur un point déterminé du sol peut suffire, à elle seule, indépendamment des renseignements contenus dans l'inscription, pour nous permettre de tirer des conclusions parfois fort importantes. Voici quelques exemples qui vous rendront la chose plus sensible.

Aucun historien ne nous dit d'où étaient originaires les colons que César ou Auguste peut-être envoyèrent à Narbonne ; à coup sûr, le savoir n'est pas d'une importance capitale pour l'histoire générale, mais cela ne manque pas non plus d'intérêt pour l'histoire particulière de Narbonne.

Eh! bien, si les inscriptions ne nous le disent pas non plus formellement, elles nous permettent de le deviner : rien qu'en parcourant les noms propres contenus dans les inscriptions de Narbonne, on constate qu'un très grand nombre de ces noms portent une terminaison particulière, en *enus* ou *enius*; or cette terminaison, on ne la trouve nulle autre part dans tout l'empire romain, sauf dans l'Italie centrale, en Ombrie et en Etrurie, où elle est, au contraire, très fréquente. Il est donc légitime d'affirmer que ces premiers colons romains de Narbonne étaient originaires de ces contrées de l'Italie du centre.

C'est une hypothèse, mais parfois ces hypothèses que suggèrent les inscriptions peuvent se vérifier par des rapprochements avec des monuments d'un autre genre. On s'est demandé pendant longtemps ce que signifiait, sur les monnaies gallo-romaines de Nîmes, la représentation d'un crocodile enchaîné à un palmier. C'est là, à coup sûr, un symbole attestant une influence égyptienne, influence que l'on ne s'expliquait guère en pleine Gaule narbonnaise. Les inscriptions nîmoises ont donné le mot de l'énigme : elles sont pleines en effet d'autres traces de cette influence égyptienne. On y trouve des noms propres d'aspect étrange, et, chose plus importante, non seulement les cultes égyptiens, celui d'Isis par exemple, y tiennent une grande place, mais les institutions municipales de la colonie même de Nîmes offrent la plus grande ressemblance avec celles d'Alexandrie. L'explication de ces faits s'impose : les colons envoyés à Nîmes par Auguste avaient été pris parmi les légionnaires fixés depuis longtemps en Egypte, et à demi-conquis déjà par la civilisation et les mœurs du pays.

Plus près de nous, au village de Saint-Zacharie, non

loin de la Sainte-Baume, on a trouvé un autel en pierre du pays, par conséquent taillé et gravé à l'endroit même. Il porte une inscription dont tous les caractères dénotent une excellente époque, le temps d'Auguste sans doute, ou de ses premiers successeurs. Cette inscription est une dédicace au Jupiter romain du Capitole, Jupiter Très Bon, Très Grand. Voilà une preuve irrécusable que de très bonne heure, probablement du vivant même d'Auguste, ce culte, le plus important des cultes romains, le culte officiel de la cité par excellence, avait pénétré dans un coin perdu de la Gaule : car Saint-Zacharie n'a jamais eu, en ce temps-là comme aujourd'hui, qu'une fort médiocre importance. Jusque-là, d'ailleurs, le fait n'intéresse que l'histoire locale de la Provence : mais que des inscriptions analogues se rencontrent ailleurs en Gaule, comme c'est le cas (on en a trouvé un peu partout), et aussitôt on voit se dessiner, grâce à ces humbles monuments épigraphiques, le vaste mouvement de diffusion des cultes romains, qui, dès le début de l'Empire, se sont répandus sur toute la Gaule et se sont imposés à tous ses habitants.

Voici enfin un dernier exemple, le plus curieux de tous, de l'importance que peut prendre le moindre texte épigraphique dans certaines circonstances particulières. Tout le monde en Provence connaît la tradition célèbre qui veut que, peu d'années après la mort du Christ, la religion nouvelle ait été apportée en Gaule par un groupe de saintes femmes, Marie Jacobé, sœur de la mère du Christ, Marie Salomé et Marie Magdeleine, qu'accompagnaient les disciples Maximin et Lazare le ressuscité avec sa sœur Marthe. C'est au hameau actuel des Saintes-Maries, tout près de l'embouchure du petit Rhône, qu'auraient débarqué tous ces personnages ; et là seraient restées jusqu'à leur mort deux des saintes femmes, dont on vénère encore tous les ans le souvenir dans le sanctuaire de Notre-Dame de la Mer.

Des discussions très vives se sont élevées sur l'authenticité de cette tradition : il s'agissait de savoir si, même en écartant les noms traditionnels de ces premiers apôtres de la Gaule, le fait d'une importation directe du christianisme d'Orient en Gaule, et cela dans le premier siècle de notre ère, peut être considéré comme un fait historique. La question est, non seulement pour l'histoire de la Provence, mais pour l'histoire de France, d'une importance capitale : il s'agit d'opter, pour l'histoire de la diffusion du christianisme en Gaule, entre deux systèmes. D'après l'un, c'est à Lyon et en plein second siècle seulement que saint Pothin aurait fondé la première église chrétienne, et c'est de ce foyer lyonnais que la religion nouvelle aurait rayonné dans tout l'Est et dans tout le Sud de la Gaule. D'après l'autre au contraire, c'est du temps même des apôtres que le christianisme aurait été apporté en Gaule, et c'est sur le sol de la Provence que se seraient constituées les premières églises chrétiennes.

Le débat, qui dure depuis le commencement du XVIIe siècle, a repris de plus belle il y a quelques années, et on a vu les discussions les plus vives s'engager entre historiens, géographes, ingénieurs mêmes, car les sciences positives ont voulu, elles aussi, dire leur mot dans la question. Et c'est ici que l'épigraphie est venue jouer son rôle, et apporter au débat au moins un élément certain : c'est sur ce point seulement que je veux attirer votre attention, la question en elle-même, si intéressante qu'elle soit, dépassant de beaucoup par sa date le cadre de l'étude que j'entreprends cette année avec vous.

Certains savants donc avaient cru trancher la question en démontrant, avec force calculs à l'appui, que la partie du delta du Rhône où se trouvent les Saintes-Maries n'èxistait pas dans les quatre ou même les cinq premiers siècles de notre ère. Sur beaucoup de cartes modernes représentant les côtes de la Provence au temps des Romains, vous pourrez voir que toute la zone littorale de la Camargue a été retranchée. Et en fait, il est certain que, d'une façon générale, le delta du Rhône gagne incessamment sur la mer. Seulement la régle n'est pas absolue, et sur certains points, c'est la mer qui non seulement emporte et disperse les alluvions du fleuve, mais qui ronge même la côte. Or c'est précisément ce qui est arrivé pour le point du rivage où sont les Saintes-Maries, et en voici la preuve.

En 1448, raconte un document presque contemporain, le roi René fit rechercher le corps des saintes femmes, que la tradition disait ensevelies sous l'église même des Saintes-Maries. En fouillant, on découvrit une plaque de marbre portant une inscription dont le document donne le texte, texte d'ailleurs inintelligible. Aussi les savants modernes, la pierre ayant disparu depuis longtemps, n'avaient-ils pas hésité à déclarer l'inscription fausse ou inventée pour les besoins de la cause. Mais voici que le savant éditeur des inscriptions de la Gaule Narbonnaise, M. Hirschfeld, vient de retrouver deux copies de cette même inscription dans deux manuscrits du XVIe siècle, conservés l'un à la bibliothèque de Carpentras, l'autre à celle du Vatican : ils sont dus à deux voyageurs différents, et qui, eux, ne s'intéressaient nullement à la légende des Saintes-Maries, qu'ils n'ont même probablement pas connue. Et sur l'une au moins de ces copies, l'inscription est parfaitement intelligible : c'est une dédicace à des déesses qui portent l'épithète d'Augustes : *aux Junons Augustes.* Eh ! bien, cette modeste dédicace suffit à elle seule pour prouver qu'à l'époque romaine cette partie du rivage existait, qu'elle était habitée, qu'on y parlait latin, et qu'on y célébrait le culte de certaines déesses dites Augustes. Il y avait là, sans doute isolé et comme perdu sur les bords de la mer, comme aujourd'hui, un sanctuaire qui, comme la plupart des sanctuaires païens, a été remplacé à un moment donné par une église chrétienne. Et du coup tombent tous les calculs si laborieusement échafaudés sur les apports du fleuve : sur ce point précis de la Camargue, nous pouvons constater que, malgré la lutte entre les alluvions du fleuve et l'érosion des courants marins, le rivage depuis dix-huit cents ans est demeuré à peu près intact.

On ne peut donc plus alléguer contre l'existence d'une colonie chrétienne dans ces parages au début de notre ère des théories géographiques démenties par un fait bien simple, mais irrécusable, et c'est ce que je voulais simplement vous démontrer pour le moment.

En résumé, on peut dire que le recueil des inscriptions de la Gaule Narbonnaise est, pour l'étude de nos antiquités locales, la source capitale. Ce recueil est tout récent : il ne date en effet que de 1888, et il est, il faut le dire, à la honte de l'érudition française, l'œuvre d'un savant allemand, M. Hirschfeld. La France a eu, comme presque toujours, la première idée d'un recueil général des inscriptions latines de tous les pays : elle a laissé à d'autres, comme trop souvent aussi, l'honneur de l'exécution, même pour ses propres provinces et pour l'Algérie, et c'est l'Académie de Berlin qui a entrepris cette vaste tâche, qu'elle est à la veille d'avoir achevée. Le volume qui nous intéresse est le tome XII de la collection (1), et le tome XIII, actuellement en préparation, contiendra les inscriptions du reste de la Gaule.

Quant aux inscriptions grecques de notre pays, peu nombreuses d'ailleurs, elles ont été publiées également dans le grand recueil des inscriptions grecques dirigé par la même Académie de Berlin : mais au moins elles y ont été publiées par un savant français, M. Lebègue, professeur à l'Université de Toulouse (2).

Enfin nous avons encore à notre disposition, pour toute la période gallo-romaine, les monuments architecturaux élevés sur notre sol, et les débris de tout genre qui en proviennent, statues, bas-reliefs, vases, armes, bijoux, etc. Nulle part ces monuments de la période romaine ne sont plus nombreux, plus variés, ni plus beaux qu'en Provence : le théâtre et l'arc-de-

(1) *Inscriptiones Galliæ Narbonensis latinæ consilio et auctoritate Academiæ Litterarum Regiæ Borussicæ edidit Otto Hirschfeld.* — *Berolini, apud Georgium Reimerum*, 1 vol. fol. MDCCCLXXXVIII.

(2) *Inscriptiones græcæ Siciliæ et Italiæ, additis græcis Galliæ.... inscriptionibus... Galliæ inscriptiones edidit Albertus Lebègue.* — *Berolini, apud Georgium Reimerum*, 1 vol. fol. MDCCCXC.

triomphe d'Orange, l'amphithéâtre et la Maison-Carrée de Nîmes, le mausolée de Saint-Remy et le pont du Gard, pour ne citer que ceux-là, peuvent soutenir la comparaison avec n'importe quels monuments analogues de l'Italie même. Et néanmoins, ce ne sont là que de faibles débris de l'ancienne opulence du pays. Jamais on n'a autant construit sur notre sol que pendant les deux premiers siècles de notre ère : il n'était point alors si humble bourg qui ne possédât quelque monument d'utilité publique ; et les grandes cités étaient littéralement couvertes d'édifices grandioses, temples, théâtres, amphithéâtres, palais, etc., sans parler des somptueuses demeures des riches particuliers.

Ce sont les premières invasions barbares du IIIe siècle qui ont commencé à dévaster le sol de la Gaule ; celles du Ve ont continué l'œuvre, et le moyen-âge chrétien en a eu aussi sa part. Mais il faut reconnaître que les démolitions complètes de monuments ne sont le fait ni des barbares, ni du moyen-âge. Seules, les premières invasions, celles du IIIe siècle, ont été vraiment destructrices : or elles ont épargné la Gaule Narbonnaise. Si la plupart de nos monuments ont disparu, il faut en accuser les gouvernements et les municipalités modernes. C'est au XVIIe et au XVIIIe siècles que l'on a démoli de parti pris les monuments antiques, sous prétexte d'opérations de voirie. Un des plus beaux édifices de toute la Gaule, le temple de la déesse Tutela à Bordeaux, que des gravures du XVIe siècle nous montrent presque intact, fut démoli de fond en comble par ordre de Louis XIV.

Quelques années auparavant, on avait détruit la

fameuse tour d'Ordre de Boulogne, tour à dix étages qui formait un des plus beaux phares de l'empire et remontait au règne de Caligula. Enfin c'est sous le règne de Louis XVI seulement qu'ont été détruits les tours romaines et le beau mausolée d'Aix, que nous ne connaissons plus que par des gravures.

Nous en avons fini aujourd'hui, on peut l'espérer, avec cette manie de destruction : seulement, si nous respectons les vestiges de notre passé, il faut avouer qu'au fond nous nous y intéressons médiocrement, même lorsqu'il s'agit de monuments d'une réelle beauté. Tout le monde connaît les monuments d'Arles et ceux de Nîmes, parce qu'ils se trouvent dans des villes importantes, des lieux de passage fréquentés. Mais combien des voyageurs qui passent à Tarascon se dérangent-ils pour aller voir les monuments de Saint-Remy ? Et pourtant il y a là un mausolée qui a le triple mérite d'être le plus ancien, le mieux conservé et le plus parfait de tous les monuments romains, non seulement de notre pays, mais du monde entier. Il est juste d'ajouter d'ailleurs que les savants français ne sont pas ici non plus sans reproche : il s'en faut de beaucoup que tous ces beaux édifices aient été l'objet de publications sérieuses. Si les monuments d'Orange ont été admirablement publiés par Auguste Caristie, il a fallu que ce fût l'Institut Archéologique de Berlin qui, il y a quelques années, publiât pour la première fois comme il le mérite le tombeau de Saint-Remy !

En dehors des monuments d'architecture, dont l'importance s'explique d'elle-même, notre sol a fourni et fournit encore tous les jours de menus objets, bronzes, statuettes, vases, médailles, etc., dont l'intérêt est moindre à coup sûr, mais la valeur historique égale. C'est à l'étude de ces petits monuments, comme à celle des édifices d'ailleurs, que s'applique l'*archéologie*, qui n'est pas moins utile à l'histoire que l'épigraphie, dont elle est à peu près inséparable. C'est encore une science récente : si de tout temps on a recueilli des collections d'objets antiques, ce n'est que depuis peu d'années relativement que l'on sait les classer et les étudier scientifiquement. Et je n'ignore pas qu'elle ne jouit pas encore en France d'un très bon renom : la légende de l'archéologue collectionnant à tort et à travers des pots cassés plus ou moins authentiques et où il voit autant de chefs-d'œuvre n'est pas près de s'éteindre en France. La vérité est, néanmoins, que l'archéologie exige de la part de ses adeptes une grande prudence et l'attention la plus exacte : moyennant quoi elle conduit à des résultats absolument certains, et dans des questions où nous ne possédons aucun autre moyen d'investigation. C'est l'étude comparée de milliers de fragments de vase d'argile qui nous a permis, par exemple, de remonter dans le passé de la Grèce ou plutôt de ce qui fut plus tard la Grèce, et d'y remonter jusqu'à une époque qui, il y a vingt ans encore, paraissait absolument fabuleuse. C'est l'archéologie, et l'archéologie seule, qui nous a révélé l'existence en Grèce et en Asie-Mineure de civilisations peut-être aussi vieilles que celles de l'Egypte et de la Chaldée. Des découvertes qui sont d'hier viennent en effet de nous montrer que la cité si célèbre de la Troie homérique s'élevait elle-même sur les débris de plusieurs autres cités beaucoup plus anciennes, dont la première en date est certainement antérieure, et probablement de beaucoup, au XXXe siècle avant notre ère.

Pour la Gaule, il s'en faut de beaucoup que nous puissions remonter aussi haut, et il est bien certain que notre pays n'a pas été un des foyers primitifs de la civilisation européenne : les monuments de l'archéologie locale n'en sont pas moins très intéressants, qu'il s'agisse des pierres brutes et des silex taillés ou polis de la période primitive, des étranges sculptures d'Entremont et des grossiers bas-reliefs gaulois, ou enfin des somptueux édifices et des objets vraiment artistiques de l'époque gallo-romaine. Parmi ces monuments de divers genres, il faut faire une place à part aux monnaies, qui nous fournissent des renseignements dont la sûreté compense la brièveté. Rien ne montre mieux, par exemple, l'extension des relations commerciales de la Marseille grecque et la diffusion de son influence civilisatrice, que l'étude comparée des monnaies grecques de Marseille et des monnaies gauloises des cités voisines.

Telles sont, Messieurs, les diverses catégories de documents dont disposent les historiens de nos antiquités nationales et locales. Il me reste à vous dire un mot des ouvrages les plus importants et les plus récents publiés sur ce sujet, à vous indiquer l'état où en sont actuellement ces études, ce que l'on a fait et ce qu'il reste à faire.

On a fait beaucoup depuis les travaux si consciencieux d'Amédée Thierry sur la Gaule indépendante et sur la Gaule Romaine, travaux qui ne peuvent plus nous suffire aujourd'hui : outre qu'ils sont déjà anciens, l'esprit insuffisamment critique de l'auteur lui a fait admettre un certain nombre de théories que l'on s'accorde maintenant à déclarer erronées. Pour la période préhistorique M. Alex. Bertrand, pour l'époque gauloise MM. d'Arbois de Jubainville et Gaidoz ont, dans une série de travaux que j'aurai maintes fois l'occasion de vous citer, entièrement renouvelé les questions et tracé la voie à tous les historiens futurs. Pour la période romaine, le maître incontesté de la science de l'antiquité romaine, M. Théodore Mommsen, a tracé dans le dernier et récent volume de sa grande *Histoire romaine* un tableau magistral de la civilisation romaine en Gaule. Fustel de Coulanges, dans le premier volume de son grand ouvrage sur les *Institutions politiques de l'ancienne France*, a montré le mécanisme des anciennes constitutions gauloises et des institutions romaines. Enfin Ernest Desjardins, dans les quatre gros volumes de sa *Géographie historique et administrative de la Gaule romaine*, auxquels certains défauts de méthode et quelques erreurs de détail n'enlèvent rien de leur haute valeur, nous montre les états successifs de la Gaule depuis ses premiers habitants historiques jusqu'à la chute de l'empire romain.

Seulement tous ces excellents ouvrages sont des histoires générales de la Gaule, où notre pays n'occupe naturellement qu'une place assez restreinte. Quant à l'histoire spéciale de la Gaule dite Narbonnaise, elle n'existe pas encore.

Peut-être, sans les hasards de la vie universitaire, aurions-nous ou serions-nous sur le point de posséder cette histoire. Nul ne serait mieux qualifié pour l'écrire que M. Camille Jullian, professeur à l'Université de Bordeaux, à qui nous devons la publication des œuvres laissées inédites par Fustel de Coulanges. M. Jullian, d'origine marseillaise, aurait été certainement séduit par cette belle tâche, à laquelle il avait comme préludé par diverses études de détail (1). Mais depuis qu'il a trouvé à Bordeaux une patrie d'adoption, c'est à la reconstitution de l'histoire de Bordeaux qu'il consacre tous ses soins, et sa magistrale publication des inscriptions romaines de cette ville a déjà fourni à l'œuvre une base qui permet d'en apprécier par avance toute l'importance (2).

Ce qui doit augmenter nos regrets, c'est que M. Jullian vient de montrer dans un récent ouvrage qu'il sait rendre accessibles à tous les résultats des recherches scientifiques de l'ordre le plus élevé et donner à cette histoire des premiers siècles de notre pays l'intérêt et la saveur de choses d'aujourd'hui (3).

Quant aux vieilles histoires de Provence et de Marseille, d'Honoré Bouche, de Ruffi, de Burle, de Papon et autres, on ne peut plus les mentionner que pour mémoire. Excellentes en leur temps, très utiles encore aujourd'hui pour toute la période moderne, elles ne

(1) *Bulletin Épigraphique*, tomes IV, V, VI.

(2) *Inscriptions romaines de Bordeaux*, 2 vol. in-4°. Bordeaux, 1887. — Il est juste d'ajouter que la ville de Bordeaux a sa part dans l'œuvre entreprise en son honneur : c'est elle qui non seulement a fait les frais de la luxueuse publication des inscriptions, mais qui a créé une chaire d'Histoire de Bordeaux et du Sud-Ouest de la France.

(3) *Gallia, tableau sommaire de la Gaule sous la domination romaine*, 1 vol. in-12, Hachette, 1892.

sont plus du tout au courant pour la période antique.

De sorte que, si l'on excepte un livre publié tout récemment à Marseille, et dont le premier volume seul, relatif à la période préhistorique, a paru jusqu'à ce jour (1), il n'existe dans notre langue aucun ouvrage d'ensemble qui embrasse l'histoire du Sud-Est de la France depuis les temps les plus reculés jusqu'au commencement du Moyen-âge.

Je dis *dans notre langue*, parce que là encore la science allemande nous a devancés. Dès 1864, M. Herzog publiait une histoire de la Gaule Narbonnaise (2), où il mettait à profit à peu près tous les documents alors connus. Seulement l'ouvrage est écrit en latin, ce qui l'a dérobé à la connaissance du grand public. Et puis surtout, on peut dire qu'il a été fait trop tôt : le grand recueil des inscriptions, paru bien postérieurement, a apporté une telle masse de matériaux nouveaux que presque toutes les questions seraient à reprendre de fond en comble. L'éditeur de ces inscriptions, M. Hirschfeld, serait mieux que personne désigné pour le faire : il en a donné la preuve dans les courtes préfaces en latin qui précèdent les inscriptions de chaque localité importante ; ce sont autant de petits chefs-d'œuvre, où l'abondance et la sûreté de l'érudition vont de pair avec l'abondance et l'originalité des idées.

(1) *La Provence préhistorique et protohistorique jusqu'au VIe siècle avant l'ère chrétienne*, par PROSPER CASTANIER, 1 vol. in-8°, Paris et Marseille, MDCCCXCIII.

(2) *Galliæ Narbonensis provinciæ romanæ historia*, 1 vol. in-8°, *Lipsiæ*, MDCCCLXIV.

Mais en attendant que M. Hirschfeld nous donne, s'il doit jamais le faire, cet ouvrage d'ensemble, nous sommes obligés de nous contenter des études partielles faites par différents savants, dont la plupart, il faut le dire à l'honneur de la Provence, sont de nos compatriotes. Parmi eux, il faut nommer tout d'abord le fondateur d'une revue des plus précieuses, le *Bulletin Epigraphique*, le regretté Florian Vallentin, de Montélimar, dont la mort prématurée a été un deuil pour la science française. Parmi les vivants, qui sont légion, je me bornerai pour le moment à vous citer deux noms seulement, me réservant de vous parler à propos de chaque question spéciale des travaux qui s'y rapportent. C'est d'abord M. Auguste Allmer, le premier sans conteste de nos épigraphistes, le fondateur et le rédacteur, à lui seul, de la *Revue Epigraphique du Midi de la France*, où il publie et commente avec une érudition et une précision magistrales toutes les inscriptions que ne cesse de fournir notre sol. Son recueil des inscriptions du musée de Vienne, et celui, plus récent, des inscriptions du musée de Lyon, sont des chefs-d'œuvre qui n'ont rien à envier aux ouvrages les plus vantés de la science allemande. Et pourtant ce n'est là qu'une partie de son œuvre : M. Allmer a été de plus l'inspirateur de tous les travaux de ce genre publiés en France depuis vingt ans, et M. Hirschfeld, dans sa préface, n'a pas manqué de rendre à ce maître le plus mérité des hommages. Si j'insiste à mon tour sur le nom et l'œuvre de ce grand savant, c'est qu'il m'a paru que sa réputation était plus solidement établie en Allemagne que chez nous : il n'est que juste de mettre à sa place, qui est la première, l'homme qui a rendu et qui continue à rendre de si éminents services à l'histoire de nos antiquités nationales.

L'autre écrivain dont je veux vous rappeler le nom est au contraire populaire (autant que peut l'être un savant), et il n'est pour ainsi dire personne en Provence à qui ses ouvrages ne soient familiers : c'est M. l'Ingénieur en chef des Ponts-et-Chaussées Charles Lenthéric. En dehors des connaissances spéciales qui lui ont permis d'apporter d'importantes contributions à l'étude géographique du sol de la Provence dans les temps anciens, M. Lenthéric sait joindre à une érudition de bon aloi un réel talent d'écrivain et, surtout, une verve qui entraîne et captive le lecteur. Il a fait revivre mieux que personne, dans une série de tableaux pleins d'animation et de couleur, la Marseille phocéenne et l'Arles du temps des empereurs romains (1). C'est surtout grâce à ces beaux livres, où l'agrément n'exclut nullement l'originalité, que se propage la connaissance de nos antiquités locales, parce qu'en vulgarisant la science ils ont le mérite, et il est des plus rares, de la faire aimer.

C'est sur ce mot, Messieurs, que je voudrais terminer cette revue trop rapide des sources originales et des travaux récents sur l'histoire de notre pays dans l'antiquité. Toute mon ambition, à moi aussi, serait de vous rendre attrayante l'histoire de ces temps reculés, qui est l'histoire de nos ancêtres directs. Je sais combien est

(1) *Les Villes mortes du golfe de Lyon*, 1 vol. in-12, Paris, 1876. — *La Grèce et l'Orient en Provence*, 1 vol. in-12, 1878. — *La Provence maritime ancienne et moderne*, 1 vol. in-12, 1880. — *Le Rhône*, 2 vol. in-8°, 1892.

grand chez nous le nombre de ceux qui s'intéressent à l'histoire locale : la quantité des publications de détail sur nos villes de Provence le prouve surabondamment. Et peut-être ne sera-ce pas une œuvre inutile que de chercher à condenser dans une étude générale comme celle que j'entreprends ici, les résultats de ces travaux particuliers. C'est ainsi seulement, Messieurs, par le labeur et le bon vouloir de tous, que pourra se constituer un jour une histoire de Provence capable de satisfaire à toutes les exigences de la critique moderne. Et d'autre part, c'est du jour seulement où l'histoire locale de toutes nos provinces et de toutes nos cités aura été étudiée sérieusement que l'on pourra songer à élever à notre grande histoire nationale le monument qu'elle mérite, et qu'elle attend encore.

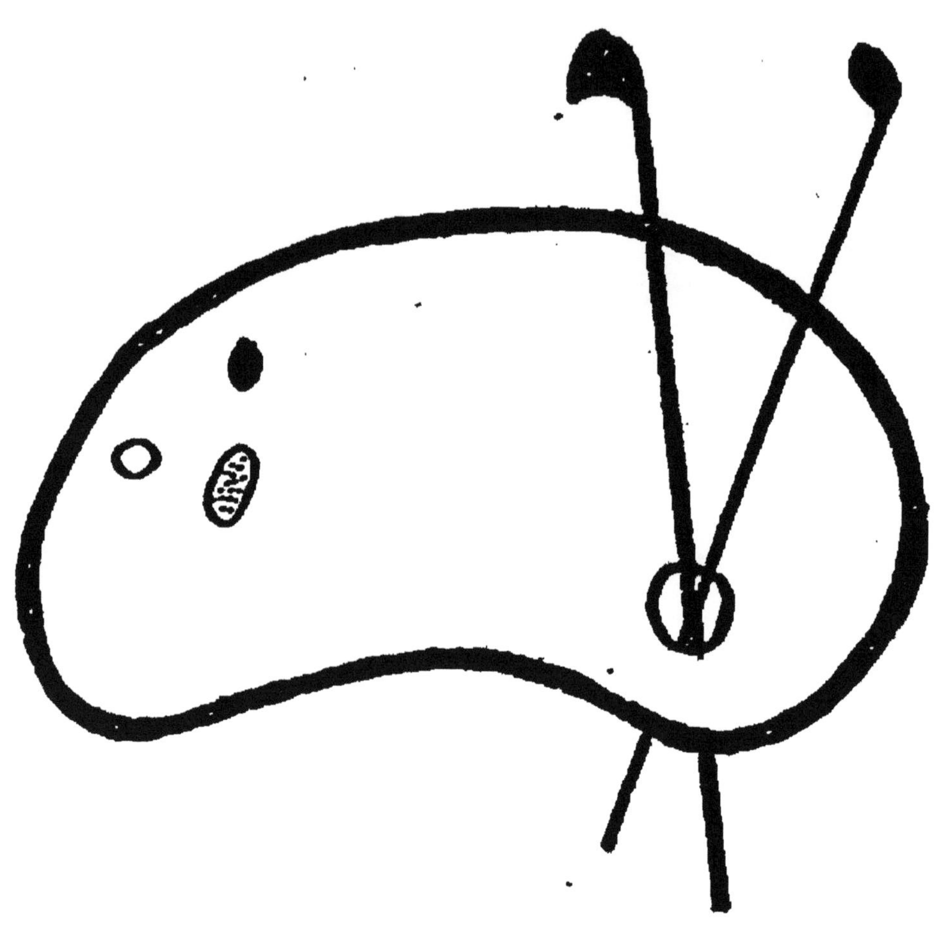

www.ingramcontent.com/pod-product-compliance
Ingram Content Group UK Ltd.
Pitfield, Milton Keynes, MK11 3LW, UK
UKHW020359250726
13967UKWH00005B/2376

9 782012 870116